Warum Partizipation für Senioren im ländlichen Raum wichtig ist

Methoden der offenen Altenarbeit zur Förderung der Teilhabe im Alter

Bibliografische Information der Deutschen Nationalbibliothek:

Die Deutsche Nationalbibliothek verzeichnet diese Publikation in der Deutschen Nationalbibliografie; detaillierte bibliografische Daten sind im Internet über http://dnb.d-nb.de abrufbar.

Impressum:

Copyright © Social Plus 2021

Ein Imprint der GRIN Publishing GmbH, München

Druck und Bindung: Books on Demand GmbH, Norderstedt, Germany

Covergestaltung: GRIN Publishing GmbH

Inhaltsverzeichnis

Zusammenfassung

Im Zuge der vorliegenden Arbeit wird das komplexe Themengebiet der Partizipation in der offenen Altenarbeit im ländlichen Kontext dargestellt. Der Fokus dieser Arbeit liegt darauf, die Relevanz der Zielgruppe für die Zukunft der Sozialen Arbeit und der Gesellschaft darzustellen und wie wichtig Partizipation in diesem Kontext ist. Der demografische Wandel stellt dahingehend eine der größten Herausforderungen dar. Die Bevölkerung wird immer älter und analog dazu nimmt die Geburtenrate ab. Die defizitäre Sichtweise der Gesellschaft auf die Zielgruppe gibt den älteren Menschen tendenziell nur schwer die Möglichkeit, ein Teil der Gesellschaft zu sein. Jeder Mensch hat jedoch ein Recht darauf, in Freiheit, Gerechtigkeit und Frieden zu leben und seine Lebensumstände selbst mitzugestalten. Partizipation trägt maßgeblich dazu bei und bildet u.a. die Basis der Demokratie. Die Soziale Arbeit hat den Auftrag Menschen zu ermächtigen, ihre individuellen Ressourcen zu stärken und zu fördern. Partizipation ist von enormer Bedeutung in diesem Zusammenhang. In dieser Arbeit wird dargestellt, welche Kriterien bei der Methodenauswahl für partizipative Prozesse in diesem speziellen Kontext berücksichtig werden müssen.

Schlüsselwörter: Offene Altenarbeit, Partizipation, ländlicher Raum, Methoden, SeniorInnen

Abstract

In the course of the following thesis the complex topic "participation of senior openwork in rural areas" is explained. The focus of this final assignment is to show up the relevance of the group for future social work and the society in order to emphasize the importance of participation. One of the biggest challenges in this context is the demographic change. In addition to a significantly decreasing natality we have to face an increase of elderly population these days. Adverse perspective of our society as well as a lack of social work for the target group gives older people hardly any chance to be a part of our every-day life. Every mankind has the right to live in freedom, equity and peace as well as to help form their individual circumstances. Participation helps reaching this goal, as our democracy is built on these rights. Social work should empower people to strengthen and encourage every individual's resources. Participation is strongly related to this movement. This thesis shows up the criteria when choosing a method of a participative process which have to be minded in this particular context.

Key words: senior openwork, participation, rural area, method, elderly person

Abbildungsverzeichnis

1 Einleitung

Der Wunsch mich mit dem Thema der offenen Altenarbeit im ländlichen Kontext zu beschäftigen entstand während meines zweiten Pflichtpraktikums im Zuge meines Studiums. Hierbei fungierte ich im Projektmanagement eines Projektes mit dem Namen „Xund im Alter in den Gemeinden Kirchbichl, Bad Häring und Langkampfen". Im zweiten Semester meines Studiums lernte ich die Begriffe Partizipation und Empowerment näher kennen. Diese beiden Definitionen in Verbindung mit der Projektarbeit für Menschen im Alter im ländlichen Raum zu bringen, war mir ein großes Anliegen. Uns als Projektverantwortliche war es wichtig, Menschen nicht vorzuschreiben, welche Maßnahmen umgesetzt werden sollen, sondern die Zielgruppe sollte aktiv an Entscheidungen partizipieren. Die AdressatInnen sollten somit als Experten ihrer Lebenswelt auf Augenhöhe mit den Fachkräften arbeiten. Nun stellte sich jedoch die Frage, welche Methoden am geeignetsten waren, um Partizipation im ländlichen Raum zu fördern. Die Forschungsfrage der vorliegenden Arbeit lautet somit wie folgt:

„Welche Kriterien sind bei der Methodenauswahl zu berücksichtigen, um Partizipation in der offenen Altenarbeit im ländlichen Kontext zu fördern?"

Um diese Forschungsfrage bestmöglich beantworten zu können, bedarf es einer näheren Betrachtung der Definitionen der offenen Altenarbeit, des ländlichen Raums, der Partizipation und der Methodenauswahl, immer in Bezug auf die Relevanz des jeweiligen Themas und die jeweiligen Herausforderungen.

Diese Arbeit unterteilt sich in sechs Kapitel. Das erste umfasst die Einleitung. Im zweiten Kapitel geht es um Partizipation. Partizipation bedeutet, Menschen teilhaben zu lassen. Teilhaben an der Gesellschaft, an der Politik, an Entscheidungen, welche ihre Lebensumstände betreffen. Das ist nicht nur ein Menschenrecht, sondern auch die Grundlage der Demokratie. Welche Rahmenbedingungen die Soziale Arbeit benötigt, um partizipativ arbeiten zu können, wurde auf der Mikro-, Meso- und Makroebene untersucht, gefolgt von einigen kritischen Ansätzen.

Das Kapitel drei steht im Zeichen der Zielgruppe der offenen Altenarbeit. Im ersten Schritt wird versucht, durch die Beschreibung der Begrifflichkeiten „Alter", „SeniorInnen" und „Offene Altenarbeit" die Zielgruppe klar als aktive SeniorInnen zu identifizieren und die offene Altenarbeit von anderen Handlungsfeldern der Sozialen Altenarbeit abzugrenzen. Im zweiten Schritt wird erklärt, dass ältere Menschen und die Soziale Altenarbeit in Folge von gesellschaftlichen Phänomenen wie demografischer Wandel, Altersarmut, Digitalisierung und Homogenisierung/Feminisierung in der Altenarbeit vor großen Herausforderungen stehen. Diese wären u.a. das defizitorientierte Gesellschaftsbild, Förderung von lebenslangem Lernen, Verringerung der Kosten für die Krankenkasse und Ermöglichung der Teilhabe an der Gesellschaft.

Im vierten Kapitel wird der ländliche Raum thematisiert. Die Definition „ländlicher Raum" hängt einerseits von der Einwohnerzahl (Urbane Zentren) und andererseits von der Erreichbarkeit von urbanen und regionalen Zentren ab (Statistik Austria, Internetquelle 4). Für ältere Menschen am Land sind im Besonderen die Mobilität, vorhandene Infrastruktur und immer kleiner werdende familiäre

Netzwerke wichtig. Durch die Förderung von Altenpolitik könnten ältere Menschen über diese Themenschwerpunkte selbst mitentscheiden und als Experten ihrer Lebenswelt fungieren.

Das fünfte Kapitel beschäftigt sich mit dem Begriff „Methode". Methoden können Prozesse eine Struktur verleihen und maßgeblich Anteil am Erfolg von partizipativen Vorgehensweisen haben. Unter Berücksichtigung der in den vorherigen Kapiteln gewonnen Erkenntnisse, wird die Auswahl von Kriterien für lösungsorientierte Methoden dargestellt. In diesem Kapitel sowie auch im Kapitel 6 wird u.a. die Forschungsfrage beantwortet.

2 Partizipation

> Partizipation – eine Grundlage der Demokratie:
> „Jede Demokratie ist auf die Mitbestimmung der
> an ihr beteiligten Personen angewiesen.
> Sie kann nur lebendig werden, wenn möglichst
> viele Bürgerinnen und Bürger dazu bereit sind,
> sich einzubringen". (Born u.a. 2011: 14)

2.1 Was versteht man unter Partizipation?

Der Begriff Partizipation wird auf das lateinische Adjektiv „particeps" zurückgeführt. Übersetzt in die deutsche Sprache spricht man von „beteiligt" oder „an etwas teilnehmen" (vgl. Born u.a. 2011: 13). Partizipative Prozesse binden Personen in die Entscheidungsfindung mit ein. Inwieweit die Zielgruppe tatsächlichen Einfluss auf das Ergebnis hat, hängt maßgeblich von den vereinbarten Rahmenbedingungen (Stufen der Partizipation und Stufen der Öffentlichkeitsbeteiligung – siehe Kapitel 2.2.) ab. Der Begriff Partizipation steht im engen Zusammenhang mit der Definition Empowerment. Diese Begrifflichkeit lässt sich am besten durch partizipatives Handeln erreichen, indem man Menschen mitbestimmen lässt und sie dadurch ermächtigt bzw. stärkt (vgl. Straßburger/ Rieger 2014: 46). Neue Forschungen haben ergeben, dass Partizipation im Einklang mit individuellen Ressourcen und gesellschaftlichen Rahmenbedingungen steht (vgl. Strube/ König/ Hanesch 2015: 189). So kann die Erkenntnis gewonnen werden, dass sozial Schwächere und bildungsferne Menschen im Alter nur schwer Zugang zu partizipativen Prozessen finden.

2.2 Partizipationspyramide / Stufen der Öffentlichkeitsbeteiligung

Partizipative Vorgehensweisen sollten gut geplant sein, daher ist es sinnvoll, zu Beginn eines solchen Prozesses die jeweiligen Rahmenbedingungen festzulegen. Hierbei kann es hilfreich sein, diese anhand einer Partizipationspyramide und/oder eines Stufenmodells zu definieren. U.a. erstellten Arnstein 1969 sowie auch Wrigth 2012 eine solche Pyramide (vgl. Strube/ König/ Hanesch 2015: 191). Die Autorin dieser Arbeit hat sich jedoch aufgrund der Übersichtlichkeit für die Pyramide von Straßburger und Rieger und die Stufen der Öffentlichkeitsbeteiligung von Arbter (u.a.), welche im Auftrag des Lebensministeriums erstellt wurde (Arbter u.a. 2005: 9), entschieden. Diese werden in diesem Kapitel näher beschrieben.

Die Partizipationspyramide von Straßburger und Rieger stellen die unterschiedlichen Beteiligungsmöglichkeiten an Partizipationsprozessen dar. Diese Darstellung definiert die einzelnen Stufen der Partizipationsmöglichkeiten. Auf der linken Seite wird die Perspektive des institutionellen und professionellen Handels dargestellt sowie auf der rechten Seite die Möglichkeiten aus der Sichtweise der BürgerInnen (vgl. Straßburger/ Rieger 2014: 232f). Um die Forschungsfrage beantworten zu können, legt die Autorin dieser Arbeit primär ihren Fokus auf die Haltung und Möglichkeiten des professionellen Handelns. Straßburger und Rieger differenzieren hierbei zwischen sechs unterschiedlichen Stufen wie folgt:

Stufe 1 bis 3 wird lt. Straßburger und Rieger als Vorstufe von Partizi-pation betitelt. Es werden die Meinungen der Zielgruppe erfragt, diese müssen jedoch keinen Einfluss auf das Ergebnis haben. Die Fachkräfte können sich ein Bild von der Lebenswelt der AdressatIn-nen machen und auf Basis dessen Prozesse anpassen bzw. überprü-fen.

Stufe 1 – Informieren: Die Zielgruppe wird über Entscheidungen in Kenntnis gesetzt und hat ggf. ein Vetorecht, jedoch keinen Einfluss auf die Ergebnisse.

Stufe 2 – Meinung erfragen: Es wird die Meinung der Zielgruppe in Erfahrung gebracht, diese muss nicht zwangsläufig in den Partizipa-tionsprozess miteinfließen.

Stufe 3 – Lebensweltexpertise einholen: Eine Fokusgruppe aus der Zielgruppe wird als Experten ihrer Lebenswelt befragt. Diese Sichtweisen müssen nicht zwangsläufig in den Partizipationsprozess miteinfließen.

Ab der Stufe 4 sprechen Straßburger und Rieger von „echter" Parti-zipation. Die Teilhabe an Prozessen wird durch rechtliche, formale oder konzeptionelle Anteilnahme sichergestellt.

Stufe 4 – Mitbestimmung zulassen: Die Fachkräfte sprechen die Ausgangslage an und geben Lösungsvorschläge vor. Die Zielgruppe klärt gemeinsam mit den Fachkräften die nächsten Schritte ab.

Stufe 5 – Entscheidungskompetenz teilweise abgeben: Im Gegen-satz zur Stufe 4 hat die Zielgruppe die Möglichkeit in dieser Phase teilweise Entscheidungen ohne professionelle Hilfe zu treffen.

Stufe 6 – Entscheidungsmacht übertragen: Auf dieser Stufe trifft die Zielgruppe selbst die Entscheidungen. Fachkräfte begleiten und unterstützen diesen Prozess.

(vgl. Straßburger/ Rieger 2014: 23-26)

Die Stufe 7 betrifft die bürgerschaftliche Sichtweise und ist nur bedingt Teil dieser Arbeit.

Stufe 7 – Zivilgesellschaftliche Eigenaktivität: AdressatInnen treffen Entscheidungen selbst und setzen diese eigenständig um

(vgl. Straßburger/ Rieger 2014: 28-33)

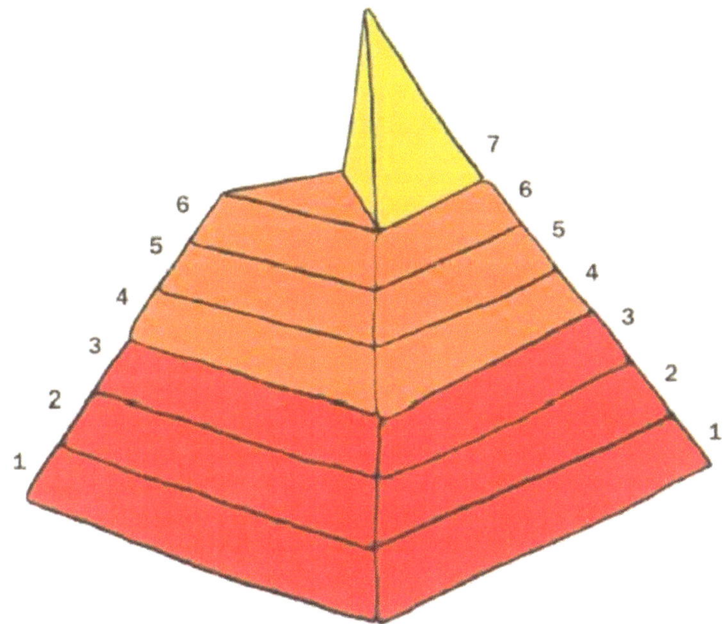

Abb. 1: Partizipationspyramide (Straßburger/ Rieger 2014, S. 15)

Die Autorin geht davon aus, dass diese Darstellung eine Hilfestellung für professionelles Handeln darstellt. Sie soll behilflich sein, Antworten auf Fragen wie „Wie können Adressat-Innen besser in Entscheidungen eingebunden werden?" und „Inwieweit will/soll die Fachkräfte die Zielgruppe überhaupt in Entscheidungen einbinden?" zu finden.

Die Stufen der Öffentlichkeitsbeteiligung von Arbter (u.a.) werden wie folgt gegliedert:

Stufe 1 – Information: Die AdressatInnen werden über die Vorgehensweise informiert, jedoch nicht in Entscheidungen miteinbezogen.

Stufe 2 – Konsultation: Die Ideen und Vorschläge werden den AdressantInnen präsentiert. Diese haben die Möglichkeit ihre Wünsche zu äußern, partizipieren jedoch nicht direkt.

Stufe 3 – Mitbestimmung: AdressatInnen werden in den Entscheidungsprozess integriert. Dies reicht von einer gemeinsamen Entwicklung von Umsetzungsmöglichkeiten bis hin zu Eigenaktivitäten (vgl. Arbter u.a. 2005: 9).

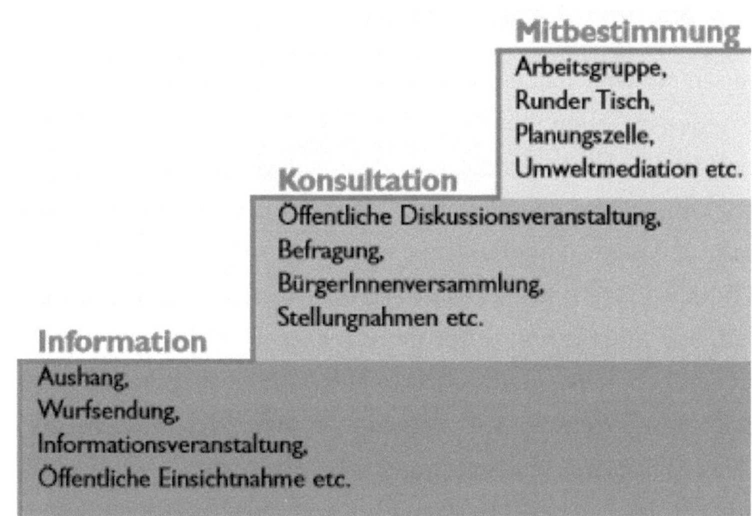

Abb. 2: Stufen der Öffentlichkeitsbeteiligung (Arbter u.a. 2005: 9)

Essenziell ist auch die Unterscheidung zwischen formalen und infor-
malen Beteiligungsformen. Formale Verfahren sind gesetzlich verankert (z.B: Naturschutzverfahren) und geben gewisse Rahmenbedingungen vor. Informale Verfahren hingegen basieren auf Freiwillig-
keit. Die Vorgehensweise wird von den Organisatoren selbst gestal-
tet (vgl. Partizipation, Internetquelle 6).

Welche Form der partizipativen Vorgehensweise gewählt wird,
hängt maßgeblich von den Wünschen und Bedürfnissen der Zielgruppe ab. Es sollen individuelle wie auch kollektive Ressourcen ge-
nützt werden unter Berücksichtigung der vorhandenen Bedingungen
(z.B. Sprachbarrieren, Ausdrucksformen etc.). Die AdressatInnen sollen als „ExpertInnen ihrer Lebenswelt" integriert werden und das
Ziel soll sein, Prozesse der Selbstorganisation und Engagement zu
fördern (vgl. Strube/ König/ Hanesch 2015: 191f).

2.3 Warum ist Partizipation wichtig?

Jeder Mensch hat ein Recht darauf, in Freiheit, Gerechtigkeit und Frieden zu leben und diese Umstände selbst mitzugestalten. Partizipation dient somit nicht nur als wichtige Grundlage zur Weiterentwicklung von demokratischen Prozessen, sondern auch zum Ausbau individueller und kollektiver Potenziale und Ressourcen (vgl. Wendt 2008: 1005f). Daraus resultiert, dass die Soziale Arbeit den Auftrag hat, das Individuum unter dem Ansatz des „Empowerments" zu ermächtigen, seine persönlichen Ressourcen in gesellschaftliche und politische Prozesse einbringen zu können. (vgl. Straßburger/ Rieger 2014: 230). Die Ermächtigung des Adressaten bzw. der Adressatin soll ihn bzw. sie dahingehend unterstützen, hemmende Verhaltensmuster und Strategien lösungsorientiert zu verändern und damit die Kontrolle über das eigene Leben wiederzuerlangen (vgl. Höcker 2010: 320f).

2.4 Welche Voraussetzungen und Rahmenbedingungen braucht die Soziale Arbeit, um Partizipation zu fördern?

Um eine bessere Übersicht zu schaffen, wird dieses Kapitel in drei Ebenen unterteilt.

2.4.1 Mikroebene

Die Erfahrung in der Praxis zeigt, dass AdressatInnen von Fachkräften oftmals sprichwörtlich in Watte eingepackt werden. Sie werden überfürsorglich und beschützend behütet. Partizipatives Handeln auf der individuellen Ebene ist jedoch nur dann möglich, wenn SozialarbeiterInnen die AdressatInnen als ExpertInnen ihrer Lebenswelt annehmen und ein dementsprechendes partizipatives Selbstverständnis entwickeln (vgl. Straßburger/ Rieger 2014: 58ff; Wendt 2008: 60). Aus diesem Selbstverständnis heraus können neue Lösungsstrategien mit dem Ziel „Hilfe zur Selbsthilfe" und „Arbeiten mit dem Menschen und nicht für den Menschen" definiert werden (vgl. Nocke/ Breunung 2000: 243f; Straßburger/ Rieger 2014: 42). Essenziell ist u.a., dass SozialarbeiterInnen sehr selbstreflektierend arbeiten. Das eigene Rollenverständnis sowie die vorhandenen Rahmenbedingungen müssen immer wieder hinterfragt werden, dies ist die Basis für eine langfristige Steigerung von partizipativen Handlungen (vgl. Wright 2012: 94-100).

2.4.2 Mesoebene

Auf der institutionellen Ebene ist es von immenser Bedeutung, dass die Zielgruppe bei der jeweiligen Projekt- und Konzeptentwicklung von Beginn an miteinbezogen wird. Partizipative Entscheidungsprozesse müssen transparent dargelegt werden und im besten Fall in der Unternehmensstruktur einen festen Bestandteil haben. Dies bedingt, dass Institute partizipativen Handlungen Raum, Zeit und Ressourcen ermöglichen (vgl. Straßburger/ Rieger 2014: 237f). In der Praxis ist es nicht unüblich, dass Partizipation nicht zustande kommt, da andere Unternehmensziele über die Ziele der KlientInnen gestellt werden (vgl. Wright 2012: 99). Für ein bürgerschaftliches Engagement ist es somit erforderlich, Infrastruktur, fördernde Strukturen und professionelle Begleitung zu schaffen (vgl. Strube/ König/ Hanesch 2015: 197).

Des Weiteren ist es von immenser Bedeutung, diese Ebene mit politischen Entscheidungsstrukturen sowie gesellschaftlich ökonomischen Systemen zu verknüpfen, da sich das zurzeit vorherrschende System stark auf alle Ebenen auswirkt. Ziel sollte es sein, ein Gesellschaftskonstrukt zu erschaffen, welches nicht Defizite fördert, sondern Gerechtigkeit, Vielfalt und Gleichheit ermöglicht. Castoriadis (Psychoanalytiker) sieht eine Lösung darin, den Menschen dazu zu verhelfen, Einrichtungen zu erschaffen, welche die Stärken des Individuums fördern und nicht die Defizite in den Vordergrund stellen (vgl. Olsen 2010: 135f). Das professionelle Fachpersonal sollte somit kritisch gegen die vorherrschenden Gesellschaftsstrukturen eintreten und Symptome und Ursachen unterscheiden können. Das ist der Grundstein, um Probleme an der Wurzel zu bekämpfen, und nicht nur deren Auswirkungen zu behandeln (Brown, o.J.: 13).

2.4.3 Makroebene

Auf sozialpolitischer Ebene können Partizipationsverfahren gesetzlich verankert werden (vgl. Born u.a. 2011: 21). Dies wurde u.a. im Kinder- und Jugendhilfegesetz (TKJHG) unter § 3 Abs. 7 (... Minderjährige sind an allen Entscheidungen, die sie betreffen, altersadäquat zu beteiligen...) (§ 3 Abs. 7 TKJHG) angeordnet. Des Weiteren ist es notwendig, die Bedeutung von Transparenz auf dieser Ebene zu erhöhen, wie z.B. Einsicht in Protokolle oder politische Sprechstunden. Auch die Öffnung vom politischen System, welche auf Austausch und Diskurse mit den BürgerInnen gegründet wären, würde das demokratische Politikverständnis verbessern. Essenziell wäre es, der Sozialen Arbeit eine anwaltschaftliche Funktion in Form einer Interessenvertretung zu ermöglichen (vgl. Straßburger/ Rieger 2014: 52-122).

2.5 Welche kritischen Aspekte bringt Partizipation mit sich?

Kritiker weisen darauf hin, dass BürgerInnen kein fundiertes politisches Wissen vorweisen können und durch die Teilhabemöglichkeit an politischen Entscheidungen sogar das System in Gefahr bringen (vgl. Schnurr 2005: 1331). Crouch publiziert, dass sich hinter politischen Wahlen nur Marketingstrategien verstecken und BürgerInnen gezielt in eine Richtung lenken. Poltische Entscheidungen werden jedoch auf höherer Ebene im Hintergrund getroffen Diese Wahlen dienen somit nur der Legitimationssicherung der Machverhältnisse. (vgl. Crouch, 2008, 10f). Dies identifiziert die Autorin als Scheinpartizipation.

Hierbei handelt es sich nur um eine Vorstufe von partizipativem Handeln. Dies wird häufig dann praktiziert, wenn Fachkräfte keine partizipative Haltung einnehmen und ihre Macht nicht teilen wollen. Die Zielgruppe wird zwar in den Prozess miteinbezogen, die Entscheidungen trifft jedoch die professionelle Arbeitskraft (vgl. Straßburger/ Rieger 2014: 189). Dies kann dazu führen, dass bestehende Systeme nur legitimiert werden (vgl. Rosenbrock/ Hartung 2012: 9).

Analog dazu besteht die Gefahr, die Zielgruppe zu überfordern. Dies kann insofern passieren, wenn weder die individuellen noch kollektiven Voraussetzungen (u.a. Bildung, Gesundheit etc.) berücksichtigt werden (vgl. Straßburger/ Rieger 2014: 192; Wright 2012: 99f).

2.6 Zusammenfassung und Ausblick

Partizipation lässt Menschen an Entscheidungsprozessen teilhaben. Auf Basis der Partizipationspyramide von Straßburger und Rieger und dem Stufenmodel von Arbert (u.a.) wird eine Klassifizierung zwischen der Vorstufe von Partizipation und wirklicher Partizipation getroffen. Davon ausgehend, dass jeder Mensch das Recht hat, seine Lebensumstände selbst mitzugestalten, versteht sich der Auftrag der Sozialen Arbeit darin, Personen zu ermächtigen (empowern), individuelle Ressourcen zu stärken und zu fördern. Partizipation versteht sich somit nicht nur als Menschenrecht, sondern auch als Grundlage unserer Demokratie. Auf der Mikro-, Meso- und Makroebene müssen individuelle, kollektive und politische Voraussetzungen geschaffen werden. Kritisch betrachtet kann es in Partizipationsprozessen zu Scheinpartizipation, Überforderung der Zielgruppe und politischen Fehlentscheidungen durch die Bevölkerung kommen.

Im nächsten Kapitel wird der Fokus auf die Zielgruppe dieser Arbeit gerichtet. Aufbauend auf Begriffsdefinitionen wird die Bedeutung der SeniorInnenarbeit für die Zukunft dargelegt und die Herausforderungen der Sozialen Altenarbeit aufgezeigt.

3 Offene Altenarbeit

„Es ist nicht unsere Aufgabe, die Zukunft vorauszusagen,
sondern auf sie gut vorbereitet zu sein."
(Perikles, griechischer Staatsmann; um 490 v. Chr.)

3.1 Was versteht man unter Alter, SeniorInnen und offener Altenarbeit?

3.1.1 Das Alter(n)

Das Alter und das Altern sind Merkmale, die nicht eindeutig definiert werden können. Aus diversen Literaturen geht hervor, dass die Begrifflichkeiten soziale Konstrukte sind. Dies bedeutet, dass das Alter sozial hergestellt wird und daher auch bedingt veränderbar ist. Soziales Altern kann lange vor dem Ausscheiden der Berufswelt einsetzen, vor allem wenn erworbenes Wissen nicht mehr gebraucht wird. Tendenziell wird jedoch der Pensionsantritt, also der daraus resultierende Berufsausstieg, als Gefahrenquelle für einen Desintegrationsprozess erwähnt. Im Speziellen der Verlust von sozialen Kontakten, Ansehen und Prestige setzen dem Menschen zu. Je mehr Platz der Beruf in der jeweiligen Lebenswelt eingenommen hat, umso schwieriger ist der Umstrukturierungsprozess. Spricht man vom Prozess des Alterns, so wird dies in unterschiedliche Lebensphasen wie Kindheit, Jugend, Erwachsensein und Alter eingeteilt. Das biologische Alter bedeutet, dass die Zellteilung des Organismus nicht mehr ausreichend funktioniert. Durch Einflüsse von Krankheiten kann der natürliche Altersprozess beschleunigt werden. Dies kann zum Tode in jungen Jahren bis hin zu einer Spanne von etwa 120 Jahren führen. Eine weitere Kategorisierung ergibt sich aus dem kalendarischen

Lebensalter. Hier wird Alter in Jahre gegliedert, die seit der Geburt vergangen sind. Die Lebensjahre sind eindeutig benennbar und werden mit allen Menschen der gleichen Geburtskohorte geteilt (vgl. Kade 2009: 13ff).

3.1.2 SeniorIn

Nach dem österreichischen Bundes-Seniorengesetz lautet die Definition wie folgt: *„§ 2. Als Senioren im Sinne dieses Gesetzes gelten alle Personen österreichischer Staatsangehörigkeit oder der Staatsangehörigkeit eines Vertragsstaates des Abkommens über den Europäischen Wirtschaftsraum mit Wohnsitz in Österreich, 1. die auf Grund eines Gesetzes oder Vertrages aus eigener Tätigkeit eine Pension, gleichgültig welcher Art, beziehen oder 2. die ein bestimmtes Alter erreicht haben; dieses ist bei Frauen die Vollendung des 55. Lebensjahres und bei Männern die Vollendung des 60. Lebensjahres. (§2 Bundes-Seniorengesetz)"*

Der deutsche Soziologe Dietrich Engels teilt das SeniorInnenalter in drei Phasen ein:

a) Junge SeniorInnen: Im Alter von 60 bis 69 Jahre

b) Mittlere SeniorInnen: Im Alter von 70 bis 79 Jahren

c) Ältere SeniorInnen: Im Alter ab 80 Jahren

(vgl. Engels 2008: 56)

„Ältere SeniorInnen" weisen häufiger körperliche Erkrankungen auf und der Hilfe- und Pflegebedarf sowie die Armut steigen tendenziell an (vgl. Backes/ Clemens 2008: 106). In etlichen Literaturen findet man die Unterscheidungen zwischen dem ersten, zweiten, dritten und vierten Lebensalter. Diese Unterteilungen sind soziologische

Konzepte, welche zeitlich nicht eindeutig benannt werden können. Während man im ersten Lebensalter von Kindern bzw. Jugendlichen spricht, ist es schwer den Übergang des zweiten, dritten und vierten Abschnitts zu definieren. Eine Trennlinie könnte man zwischen dem zweiten und dritten Lebensalter anhand der Freizeiteinteilung ziehen. Während im zweiten Abschnitt von einer berufstätigen Person ausgegangen wird, welche ihre Freizeit in Absprache mit der Arbeitsstätte gestalten muss, kann die Person im dritten Lebensabschnitt (Pension) über eine freie Zeiteinteilung verfügen. Der Übergang in das vierte Lebensalter ist überwiegend von der Funktionalität des Individuums abhängig (vgl. Erhardt/ Hoffmann/ Ross 2014: 26f).

3.1.3 Soziale Altenarbeit

Die Definition „Soziale Altenarbeit" findet man oftmals in Literaturen in Verbindung mit den Begriffen wie Altenbildung, Gerontologie, Geragogik etc. Des Weiteren wird diese Definition in Verbindung mit Berufsgruppen verwendet, welche sich um das körperliche, seelische und geistige Wohlbefinden von Menschen im Alter befassen (vgl. Altenheimsozialarbeit, Internetquelle 1). Mennemann beschreibt die Soziale Altenarbeit als einen vielfältigen Arbeitsbereich. Irrtümlicherweise wird oftmals angenommen, dass ältere Menschen eine homogene Zielgruppe sind. Die soziale Altenarbeit wird üblicherweise in den offenen, ambulanten, teilstationären und stationären Arbeitsbereich unterteilt (vgl. Mennemann 2005: 49).

3.1.4 Offene Altenarbeit

Wie in Kapitel 3.1.3 bereits erwähnt, können die Handlungsfelder der Sozialen Altenarbeit in vier Bereiche unterteilt werden. Die offene Altenarbeit grenzt sich von der ambulanten, teilstationären bzw. stationären Altenarbeit dadurch ab, dass sie außerhalb von stationären Einrichtungen stattfindet (Klingenberger 1992: 28). Die Angebote zielen vorrangig auf aktive SeniorInnen ab (vgl. Schweppe 2006: 13). Dieses Handlungsfeld findet im Freizeit- und Bildungsbereich statt. Es unterstützt Menschen im Alter mit Beratungen und Informationen zur Bewältigung des Alter(n)s (vgl. Olsen 2010: 49-53). Primäre Ziele sind die Förderung von ehrenamtlichem Engagement und von intergenerationellen Beziehungen. Vereinsamung und Isolation sollt entgegengewirkt werden (vgl. Engel 2001: 54; Schuleri-Hartje 1992: 13). Olsen beschreibt den Wandel der offenen Altenarbeit dahingehend, dass die Menschen nach dem 2. Weltkrieg sich nach einem langen Arbeitsleben zurückziehen und ausruhen wollten. Heute hingegen wird durch die steigende Lebenserwartung die nachberufliche Lebensphase immens verlängert. Dies stellt die offene Altenarbeit vor neue Aufgaben und Herausforderungen. Die Praxis reagiert darauf in Form von verschiedenen Maßnahmen, u.a. Kontakt zu anderen Generationen herstellen, Anerkennung von Heterogenität, Aufbau von Hilfsnetzwerken u.v.m. Diese Akzente fallen unter den Begriffen „Innovation und Emanzipation" (vgl. Olsen 2010: 49-53).

3.2 Warum ist Partizipation in der offenen Altenarbeit wichtig?

Ältere Menschen haben lt. einer österreichischen Studie (Bahr/ Leichsenring/ Strümpel 1996: 185ff) den Wunsch nach mehr Mitbestimmung- und Teilhaberecht im Wesentlichen in drei Bereichen. Diese umfassen die Partizipation an alltätlichen Angelegenheiten (u.a. Gemeindeleben), altersspezifischen Themen (u.a. Vorsorge) und die Teilhabe an politischen Entscheidungen (vgl. Schmid 2009: 88f). Es ist wichtig, diesen Wünschen Folge zu leisten.

Ausgehend vom demografischen Wandel werden sich Altersstrukturen nachhaltig verändern. Steigt auf der einen Seite die Anzahl der älteren Menschen, so steht diese einer sinkenden Anzahl an jüngeren Personen gegenüber. Dieser Herausforderung muss sich nicht nur Österreich stellen, dies betrifft auch den Großteil der industriell starken Länder (vgl. Lebhart 2003: 674-685). Prognosen sagen voraus, dass im Jahr 2035 über 35 % der Weltbevölkerung über 60 Jahre alt sein werden. In Österreich würde dies ca. 3 Millionen Menschen betreffen. Im Laufe des letztens Jahrhunderts stieg die Anzahl der über 60-Jährigen um ein Vierfaches und bei den über 80-Jährigen um ein 20-faches an (vgl. Kytir 2008: 45-73). Frevel steht diesen langfristigen Prognosen jedoch kritisch gegenüber. So hätte man in den 1950er-Jahren die Entwicklung des Emanzipationsprozesses bzw. die Erfindung der Pille nicht vorhersagen können und keine Prognose von bis zu fünfzig Jahren treffen können (vgl. Frevel 2004: 8). Es bleibt somit unklar, in welchem Ausmaß uns der demografische Wandel treffen wird. Nichtsdestotrotz bringt dieser Wandel im Zusammenspiel mit neuen Lebensformen der Generationen und der Verlängerung der Lebenserwartung neue Herausforderungen für die

Soziale Arbeit mit sich (vgl. Schweppe 2013: 29), u.a., dass der Kostendruck auf die Kranken- und Pflegeversicherungen steigt. Menschen im Alter haben einen höheren Bedarf an Leistungen. Gleichzeitig entwickelt sich das System dahingehend, dass weniger Menschen in das System einzahlen (vgl. Stiehr 2004: 96f). Untersuchungen zeigen, dass regelmäßige Aktivitäten immens wichtig für ein gesundes Altern sind. Es wird u.a. der Rückgang der körperlichen und geistigen Verfassung entgegengewirkt (vgl. Baltes 1987: 353-376). Die Autorin dieser Arbeit stellt die Vermutung auf, dass der Übergang von der Erwerbsfähigkeit in das Rentenalter insofern problematisch ist, als dass eine ständige Aktivität wegfällt. Ziel muss es hierbei sein, den älteren Menschen andere Aufgaben und Lebensinhalte anbieten zu können. In diesem Kontext ist im Speziellen das lebenslange Lernen zu erwähnen. Bildung fördert nicht nur die Gesundheit, sondern u.a. auch die politische sowie gesellschaftliche Partizipation (Österreichisches Institut für angewandte Telekommunikation 2015: 17f). Auf Basis dieser Erkenntnisse kann die Vermutung aufgestellt werden, dass u.a. Folgekosten für die Krankenkassen reduziert werden können.

Bildung und das Bedürfnis nach Anerkennung, Weitergabe von Erfahrungen und sinnvolle Freizeitbeschäftigung fördern des Weiteren nicht nur das Gefühl gebraucht zu werden, es entstehen unter anderem neue, generationsübergreifende Netzwerke (vgl. Schuleri-Hartje 1992: 66-69). Fachkräfte, welche bereits im Ruhestand sind, können ihre Fachkompetenz an die jüngere Generation weitergeben. De Beauvoir beschreibt dies sehr treffend wie folgt:

„Wollen wir vermeiden, dass das Alter zu einer spöttischen Parodie unserer früheren Existenz wird, so gibt es nur eine einzige Lösung, nämlich weiterhin Ziele zu verfolgen, die unserem Leben einen Sinn verleihen: das hingebungsvolle Tätigsein für Einzelne, für Gruppen oder für eine Sache, Sozialarbeit, politische, geistige oder schöpferische Arbeit" (de Beauvoir 2004: 708).

Diese generationsübergreifenden Netzwerke können defizitorientieren Bilder, die sich in der Gesellschaft über ältere Menschen manifestiert haben, verändern. Als Beispiel könnte man die Vorstellung der jüngeren Gesellschaft von erwerbstätigen älteren Menschen nehmen. Dies ist jungen Menschen oft fremd und löst Abwertung und Defizitangst aus. Die Kategorie „Alter" wird mit altersgemäßem und altersadäquatem Verhalten verknüpft. Dieses Kategoriendenken zwingt alte Menschen in eine Art soziale Kontrolle (vgl. Kolland/ Fibich 2014: 4f). Die unzähligen positiven Aspekte im Alter, wie die die biologische Verjüngung, Heterogenität und die unzähligen Potenziale und Ressourcen werden unter den defizitären Berichterstattungen schier verschüttet (Hammerschmidt/ Pohlmann/ Sagebiel 2014: 24). Um Altenarbeit über altershomogene Gruppen hinaus zu transformieren, benötigt es eine innovative Altenarbeit. Durch die Heterogenisierung können jüngere Menschen von den Lebenserfahrungen und dem Wissen älterer Menschen profitieren, wohingegen auch die ältere Generation individuelle Potenziale ausschöpfen kann. Dies bringt unter anderem mit sich, dass sich die Gesellschaft der Fähigkeiten der älteren Personen bewusst wird und mögliche Berührungsängste schwinden (vgl. Olsen 2010: 77). Ein weiteres gesellschaftliches Phänomen stellt die zunehmende Altersarmut dar. Frauen im Alter haben ein besonders hohes Risiko an Altersarmut, Verwitwung, Isolation und Pflegebedürftigkeit zu leiden. Tews führt dies darauf zurück, dass ältere Frauen im Laufe ihres Lebens weniger verdienen, schlechtere Bildungsabschlüsse vorweisen können, eine höhere

Lebenserwartung als Männer haben, meist weniger mobil sind und tendenziell auf ein kleineres soziales Netzwerk zurückgreifen können. In vielen Fachliteraturen ist von einer Feminisierung in der Altenarbeit zu lesen, was bedeutet, dass der Frauenanteil der älteren Bevölkerungsschicht um einiges höher ist als der der Männer. Höhn und Roloff haben dieses Phänomen 1994 untersucht. Daraus resultierte, dass auf einen 60-jährigen Mann drei Frauen im gleichen Alter kamen (vgl. Engel 2001: 17-31). Der Höhepunkt der Feminisierung ist lt. Engels bereits erreicht, der Trend hält jedoch an (vgl. Engel 2001: 30; Engels 2008: 57). Stiehr berichtet, dass zurzeit heranwachsende Frauen ein besseres Bildungsniveau und finanzielle Bedingungen vorweisen können (Stiehr 2004: 90).

Des Weiteren ist die mediale Teilhabe in Folge der Digitalisierung ein zukunftsträchtiges Thema für Menschen im Alter und für die offene Altenarbeit. Älteren Menschen kann der Alltag durch die Internetnutzung erleichtert werden (z.B. Bankgeschäfte) und u.a. die Partizipation in der Gesellschaft gefördert werden. Organisationen ermöglicht der Einzug der digitalen Welt in der Zielgruppe eine bessere Erreichbarkeit, u.a. um Veranstaltungen und Informationen zur Verfügung zu stellen (Österreichisches Institut für angewandte Telekommunikation 2015: 25ff). Aus eigener Erfahrung stammt die Erkenntnis, dass sich ältere Menschen im Umgang mit der schnelllebigen Technologie oftmals nicht zurechtfinden. Sie fühlen sich überfordert (z.B. nur mehr Busticketautomaten, kein Ticketschalter), was zu einer Exklusion aus der Gesellschaft führen kann.

Empowerment, welches durch Partizipation gefördert wird (Kapitel 2.1. + 2.3.), kann in diesem Kontext von enormer Bedeutung sein. Dies bedeutet in der Altenarbeit, ältere Menschen in die Planungs-

und Entscheidungsprozesse miteinzubeziehen. Es sollen Angebote geschaffen werden, welche den unterschiedlichen Interessen gerecht werden. Auf Grundlage der Partizipation können ältere Menschen ihre Erfahrungen einbringen und sich aktiv entfalten. Potenziale sollen gefördert und ernst genommen werden. Im Erstgespräch soll intensiv auf die Person eingegangen werden, Ressourcen und Interessen ausgearbeitet werden, und man soll sie an der Planungsphase teilhaben lassen (vgl. Armin 2009: 90f).

3.3 Zusammenfassung und Ausblick

Die offene Altenarbeit grenzt sich durch die Zielgruppe (aktive SeniorInnen) und den Räumlichkeiten (nicht stationär) von anderen Handlungsfeldern der sozialen Altenarbeit ab. Die Zielgruppe sowie auch die Einrichtungen der offenen Altenarbeit stehen in Folge von gesellschaftlichen Phänomenen, wie dem demografischen Wandel, Altersarmut, Digitalisierung und Homogenisierung/Feminisierung, vor großen multikomplexen Herausforderungen. Diese wären u.a. das defizitorientierte Gesellschaftsbild, Förderung von lebenslangem Lernen, Verringerung der Kosten für die Krankenkasse, Ermöglichung der Teilhabe an der Gesellschaft. Die Soziale Arbeit hat den Auftrag, Menschen zu ermächtigen, ihre eigenen Ressourcen und Interessen auszuarbeiten und sie in Entscheidungsprozesse miteinzubeziehen. Im nächsten Kapitel wird die offene Altenarbeit im Kontext zum ländlichen Raum gesetzt.

4 Ländlicher Kontext

„Erkläre mir und ich werde vergessen.
Zeige mir und ich werde mich erinnern.
Beteilige mich und ich werde verstehen." Y. Iljine

4.1 Was versteht man unter ländlichem Kontext?

Wie Ländlichkeit definiert wird, hängt maßgeblich von der Perspektive des Betrachters ab (vgl. Hoppe 2010: 23). Oftmals wird der ländliche Raum mit kleinen Dörfern, Naturverbundenheit und einem Raum der Idylle assoziiert (vgl. Pantucek 2009: 41). Henckel u.a publiziert stattdessen, dass der ländliche Raum oftmals als Problemkategorie dargestellt wird, welche wirtschaftlich sowie auf die Stabilität bezogen von größeren Ballungszentren abhängig ist (vgl. Henckel 2010: 284). Swantje spricht davon, dass der ländliche Raum aufgrund seiner Lage, der strukturellen Schwäche und der Reduktion der Bevölkerung zu einer Restkategorie abgestempelt wird. Daraus resultiert u.a. eine politisch und gesellschaftlich defizitäre Sichtweise auf den ländlichen Raum (vgl. Swantje 2012: 17). Wesentliche Unterschiede zu urbanen Gebiete lassen sich in der Demographie, der Wirtschaftlichkeit, in den sozialen Unterschieden und in den politischen Systemen erkennen (vgl. Bohl 2005: 226).

Analog zum Alltagsverständnis des ländlichen Raums geht in der Angabe des Bundesinstituts für Bau-, Stadt- und Raumforschung dennoch als zentrale Eigenschaft zunächst die Besiedlungsdichte und geografische Lage hervor. Hierbei weisen städtische Räume Regionen auf, in denen viele Menschen wohnen und einen geringen Freiraumanteil haben. Ländliche Gebiete hingegen weisen einen hohen

Anteil an Freiräumen (vgl. Bundesinstitut für Bau-, Stadt- und Raumforschung, Internetquelle 2) auf. Auf internationaler Ebene wurde zur eindeutigen Kategorisierung die Typologie der OECD (Regional Typology[1]) verwendet. Auf nationaler Ebene wird lt. Statistik Austria in vier Hauptklassifizierungen unterteilt. Diese sind Urbane Zentren (Stadtregionen), Regionale Zentren, Ländlicher Raum im Umland von Zentren (Außenzone) und Ländlicher Raum. Diese Hauptklassen werden einerseits anhand der Einwohnerzahl (Urbane Zentren) sowie anhand der Erreichbarkeit von urbanen und regionalen Zentren in zentral, intermediär sowie peripher in insgesamt 11 Klassen unterteilt. Als zusätzliches Kriterium wird die Bedeutung des Tourismus mitberücksichtigt[2] (Statistik Austria, Internetquelle 4).

Lt. einer Statistik der Europäischen Union von 2012 wurden 51,3 % der europäischen Landfläche als ländliche Region eingestuft. Hier verzeichnete man eine Bevölkerungsanzahl von 112,1 Millionen Menschen, was einen Anteil von 22,3 % an der Bevölkerung ergibt. Im Gegensatz zum stetigen Bevölkerungszuwachs der mittleren Bevölkerungsdichte verzeichneten die ländlichen Regionen eine geringe Bevölkerungszunahme bzw. einen Rückgang (Eurostat Statistic Explained, Internetquelle 3).

---

[1] http://www.statistik.at/web_de/klassifikationen/regionale_gliederungen/stadt_land/index.html

[2] http://www.statistik.at/wcm/idc/idcplg?IdcService=GET_PDF_FILE&dDocName=108332

4.2 Warum ist Partizipation in der offenen Altenarbeit im ländlichen Kontext wichtig?

Unter Berücksichtigung der im Kapitel 3.1. erarbeiteten Argumentation für die offene Altenarbeit im Allgemeinen wird in diesem Kapitel auf die Besonderheiten der offenen Altenarbeit im ländlichen Kontext wie folgt eingegangen:

Der offenen Altenarbeit wird es nicht möglich sein, den demografischen Wandel und die draus resultierenden Herausforderungen aufzuhalten, sie hat jedoch die Aufgabe, die individuellen Herausforderungen im ländlichen Kontext zu berücksichtigen und der Ausdünnung lokaler Communities entgegenzuwirken (vgl. Pantucek 2009: 7).

Diese Ausdünnung basiert drauf, dass ältere Menschen aufgrund veränderter Lebensformen (u.a. kinderlos, weniger Kinder, Single) (vgl. Schweppe 2013: 29) nur noch auf immer kleiner werdende Familienstrukturen zurückgreifen können. Auch die tendenziell größer werdenden Wohndistanzen zwischen Kindern und Eltern verursacht das Wegbrechen von familiären Netzwerken. Daraus resultiert, das die Gefahr der Vereinsamung steigt und daher die formelle Unterstützung (z.B. Gemeinwesen) zunehmend an Bedeutung gewinnt (vgl. Gans/ Schmitz-Veltin 2004: 111-129; Meyer 2004: 58-74). Im Kontext des ländlichen Raumes kann die Soziale Arbeit jedoch auf kollektive Netzwerke, z.B. im Dorfleben, zurückgreifen. Die Soziale Arbeit hat die Aufgabe, diese Ressource zu nützen und u.a. raumübergreifende Netzwerke (z.B. Nachbargemeinde) zu erschließen und zu fördern (vgl. Pantucek 2009: 51f). Diese Netzwerke können u.a. sehr wichtig für die Mobilität und ein förderndes Wohnumfeld der Zielgruppe sein.

Diese beiden Faktoren und eine gute Infrastruktur sind sehr wichtig für die Zielgruppe. Im Speziellen die Mobilität spielt eine wesentliche Rolle, um den älteren Menschen eine Teilhabe an der Gesellschaft (u.a. Einkaufen, Arztbesuche etc.) zu ermöglichen. Im ländlichen Raum ist zu beobachten, dass aufgrund größerer Distanzen ältere Menschen tendenziell noch mehr von öffentlichen Verkehrsmitteln bzw. dem eigenen PKW abhängig sind (vgl. Zimmermann 2002: 26f). Auch die eigene Wohnsituation gewinnt im Alter immens an Bedeutung. Soziale Kontakte, wie etwa ArbeitskollegInnen, fallen weg, und der Aktions- und Handlungsradius zentriert sich auf den Nahraum (vgl. Kircheldorff 2015: 18).

Dies kann u.a. durch die Förderung von Altenpolitik gelingen, indem BürgerInnen in Entscheidungsprozesse miteinbezogen werden. Ziel muss es in diesem Kontext sein, generationenübergreifende und zukunftsorientierte Politik zu gestalten. Eine Schlüsselrolle in der kommunalen Altenpolitik haben hierbei die Städte und Gemeinden, welche die dazu benötigten Rahmenbedingungen vorgeben. Im konkreten Fall bedeutet dies u.a. mit älteren Menschen gemeinsam Angebote für das Gemeinwesen zu gestalten und individuelle Lösungen zu kreieren. Kommunen, welche nicht bzw. zu wenig in die Problematik des soziodemokratischen Wandels investieren, werden die Auswirkungen intensiv zu spüren bekommen (vgl. Stoll/ Greger/ Wohlrab 2012: 217-235). Tendenziell ist am Land das Bildungsniveau niedrig und die Berufs- und Lebenschancen geringer als in urbanen Gebieten. Dies beruht maßgeblich darauf, dass Entscheidungen über den ländlichen Raum auf regionaler Ebene mitgefällt werden und der Fokus auf zentrale Orte gelenkt wird (vgl. Bohl 2005: 230). Dies fordert die Organisationen der Sozialen Arbeit zusätzlich heraus, ihre überregionalen Angebote auf die lokale Ebene maßzuschneidern (vgl.

Pantucek 2009: 7). Essenziell wird es auch sein, das traditionelle top-down Prinzip durch den buttom-up Ansatz zu ersetzen. Dies wird erreicht, indem ältere Menschen in politische Prozesse miteingebunden werden und maßgeblich an Entscheidungen teilhaben können. Die Zielgruppe wird hierbei als Experte ihrer Lebenswelt angesehen. Entscheidungen werden nicht nur von professioneller Ebene (von oben herab) getroffen (vgl. Schmid 2009: 88f). *Dieser Ansatz ist in hohem Ausmaß bedarfsbezogen, problem- und potentialorientiert und er ist gemeinwesennah, alkaptial einer Gesellschaft in die Seniorenpolitik einbezogen werden, das aus der Gesamtheit der Fähigkeiten, Fertigkeiten und Motivationen jener Menschen besteht, in die ihrem Gemeinwesen helferisch und gemeinnützig tätig sind oder sein könnten* (Schmid 2009: 89). Analog dazu ist es jedoch auch eine große Herausforderung, eine Balance zwischen Profession und bürgerschaftlichem Engagement zu finden. Zweiteres soll gefördert werden, ohne dass sich der Staat aus seinen Verpflichtungen (u.a. Fürsorge für ältere Menschen) nimmt. (vgl. Knopp: 2012: 1)

Auf Basis dieser Erkenntnisse ist es der Auftrag der Sozialen Arbeit, für Menschen mit mangelnder Teilhabechance einzutreten. Im Besonderen in benachteiligten ländlichen Regionen müssen Strukturen erschaffen werden, welche Partizipation fördern. In gut situierten ländlichen Regionen sollen vorhandene Strukturen und Ressourcen bewusst wahrgenommen werden und diese ausgebaut bzw. erhalten werden. (vgl. Penke 2012: 17; Swantje 2012: 7)

4.3 Zusammenfassung und Ausblick

Die Definition „ländlicher Raum" hängt einerseits von der Einwohnerzahl (Urbane Zentren) sowie von der Erreichbarkeit von urbanen und regionalen Zentren ab. Für ältere Menschen am Land sind besonders Themen wie die Mobilität, vorhandene Infrastruktur und immer kleiner werdende familiäre Netzwerke brisant. Durch die Förderung von Altenpolitik könnten ältere Menschen diese Themenschwerpunkte selbst mitgestalten und als Experten ihrer Lebenswelt fungieren. Der Auftrag der Sozialen Arbeit ist es hierbei, für die Teilhabechancen der Zielgruppe einzutreten und in benachteiligten ländlichen Regionen Strukturen zur Teilhabe zu schaffen bzw. in gut situierten ländlichen Regionen vorhandene Ressourcen zu fördern. Im nächsten Kapitel wird ein Überblick über die vorhandenen Methoden gegeben und es werden, unter Berücksichtigung der in den vorhergehenden Kapiteln erarbeiteten Erkenntnisse, Kriterien zur Methodenauswahl getroffen.

5 Partizipative Methoden

> „Erkläre mir und ich werde vergessen.
> Zeige mir und ich werde mich erinnern.
> Beteilige mich und ich werde verstehen." Konfuzius

5.1 Was versteht man unter Methoden?

Im Duden findet man unter dem Eintrag „Methode" die aus dem lateinischen stammende Definition „Weg zu etwas hin" (vgl. Duden, Internetquelle 5). Eine Methode ist vergleichbar mit einem „Kochrezept": Sie hat konkrete Elemente und einen festgelegten Ablauf der Kommunikation beziehungsweise Interaktion mit den Beteiligten (vgl. Arbter 2012: 51). Die gewählte Methode ist keine Garantie dafür, dass der angestoßene Prozess erfolgreich wird, sie trägt jedoch maßgeblich dazu bei, dem Prozess eine Struktur zu geben, vielfältig zu gestalten und Wege abseits der Norm zu finden (Partizipation, Internetquelle 6).

5.2 Welche Methoden gibt es?

Es gibt eine große Anzahl an Methoden. Bei der Auswahl einer sinnvollen Vorgehensweise sind u.a. die Anzahl der TeilnehmerInnen, die zeitlichen Ressourcen, die Beteiligungstiefe (siehe Partizipationspyramide und Stufen der Öffentlichkeit, Kapitel 2.2) (Partizipation, Internetquelle 6), die individuellen Ressourcen und die spezifische Gegebenheiten zu berücksichtigen. Diese Faktoren sind auch bei der Umsetzung essenziell, weniger als die strikte Einhaltung der Methode nach dem vorgegebenen Schema (vgl. Hongler u.a. 2008: 12). Um sich einen besseren Überblick verschaffen zu können, ist es sinnvoll, zu Beginn eines partizipativen Prozesses eine Zielgruppenanalyse zu erstellen. Adamer verweist in seiner Masterarbeit auf eine Analysemethode der „Institute for social research – ISR". Um ein bestmögliches Ergebnis zu erzielen, wird zu einem Methodenmix geraten. Hierbei wird empfohlen, die AdressatInnen bereits in dieser Phase zu partizipieren und gemeinsam die Beteiligungsmethoden zu definieren. Die angeführten Grafik (Abb. 3) wurde in enger Anlehnung an das Modell von Adamer von der Autorin dieser Arbeit erstellt. Diese unterteil einige Methoden anhand der Beteiligungsstufen der Information, der Konsultation und der Mitbestimmung (siehe Kapitel 2.2)

Information	*Konsulation*	*Mitbestimmung*
Aushang	Aktivierende Befragung	Kooperativer Diskurs
Aussendung	Internetforum	Zukunftskonferenz
Ausstellung	Fokusgruppe	Zukunftswerkstatt
Pressekonferenz	BürgerInnenbüro	Planungszelle
Roadshow	Interviews	Meditation
Zeitungsinserat	BürgerInnenrat	Runder Tisch
Newsletter	Begutachtungsverfahren	u.v.m
Webauftritt	u.v.m	
u.v.m		

Abb. 3: Beteiligungsmöglichkeiten in enger Anlehnung an Adamer (2013, S 29)

5.3 Welche Methoden sind für ältere Menschen im ländlichen Kontext geeignet?

Es gibt diverse Instrumente, um Beteiligung zu fördern. Essenziell ist es, niederschwellige Angebote für Menschen im Alter anzubieten. Eine Barriere kann bereits die gewählte Methode (z.B. Fragebogen) und die Form der Veranstaltung (z.B. große Menschenmenge) darstellen (vgl. Strube/ König/ Hanesch 2015: 197).

Unter Einbezug der in dieser Arbeit recherchierten Kriterien für ältere Menschen in der offenen Altenarbeit müssen bei der Methodenauswahl im besonderen Maß folgende Kriterien berücksichtigt werden:

Für Menschen im Alter muss der Zugang zu partizipativen Prozessen ermöglicht werden. In diesem Kontext spielen die Mobilität, die Barrierefreiheit, die immer schwächer werdenden sozialen Netzwerke, bildungsferne Menschen und die Altersarmut eine große Rolle. Es ist somit bei der Methodenauswahl zu berücksichtigen, einen geringen Kostenaufwand zu verursachen und, sofern erforderlich, den Veranstaltungsort so zu wählen, dass dieser Barrierefreiheit und leichte Erreichbarkeit bietet. Für Menschen mit einem geringeren Bildungsgrad sollen leicht verständliche und einfache Methoden gewählt werden. So kann u.a. ein kostenloser Abholservice und kostenlose Verpflegung am Veranstaltungsort die Teilnahme an partizipativen Prozesse fördern. Aus eigener Erfahrung bedingt diese Vorgehensweise gute Rahmenbedingungen auf der institutionellen Ebene, da ökonomische, räumliche und zeitliche Ressourcen eine wesentliche Rolle spielen.

Bleibt der Fokus auf dieser Ebene, so ist in der Praxis oftmals ersichtlich, dass ländliche Regionen von überregionalen Trägern mitbetreut werden. Unter Berücksichtigung der o.a. Argumente ist es auf lokaler Ebene essenziell, die gewählten Methoden zielgerichtet auf die Umgebung und Zielgruppe abzustimmen. Standardverfahren für urbane Sozialräume würden weniger Partizipation fördern.

Ältere Menschen am Land sind tendenziell schwer über digitale Medien erreichbar. Aus eigener Erfahrung in diesem Kontext ist die Zielgruppe jedoch sehr gewillt, neue Technologien zu erlernen. Die Erreichbarkeit kann daher durch Empowerment und maßgeschneiderte Bildungsangebote in der offenen Altenarbeit rasch erhöht werden. Auch die Sichtbarkeit der Zielgruppe kann für unterschiedliche Generationen durch die neuen Medien erhöht werden. Diese trägt dazu bei, das defizitorientierten Alter(n)stereotype zu verändern. Digitale Methoden sollten somit in dieser Zielgruppe trotz der schweren Erreichbarkeit integriert werden. Dies kann das Interesse an neuen Medien fördern sowie individuelle Potenziale ausbauen. Es besteht jedoch auch die Gefahr der Überforderung.

Daher ist es essenziell, die Heterogenität der Zielgruppe in partizipativen Prozessen zu berücksichtigen. Ein geschickter Methodenmix ist unabdinglich, um Gefahren der Überforderung (digitale Medien) und der Exklusion (Sprachbarrieren, Mobilität, Bildungsferne) der Zielgruppe entgegenzuwirken.

5.4 Zusammenfassung

Methoden können in partizipativen Prozessen die erforderlichen Strukturen geben. Die ausgewählten Methoden werden anhand der Anzahl der TeilnehmerInnen, zeitlichen und individuellen/kollektiven Ressourcen sowie anhand der Beteiligungstiefe gewählt. Im speziellen Kontext in der offenen Altenarbeit im ländlichen Raum sind die Mobilität, die Barrierefreiheit, das Bildungsniveau und die Altersarmut zwingend zu berücksichtigen. Selbst eine kleine Barriere kann Menschen daran hindern, an Partizipationsprozessen teilzunehmen. Es ist die Aufgabe der Sozialen Arbeit, die Heterogenität der Zielgruppe anzuerkennen und einen geschickten Mix aus unterschiedlichen Methoden zu wählen.

6 Fazit

Die Zielgruppe sowie Einrichtungen der offenen Altenarbeit stehen in Folge von gesellschaftlichen Phänomenen, wie der demografische Wandel, Altersarmut, Digitalisierung und Homogenisierung/Feminisierung, vor großen multikomplexen Herausforderungen (u.a. negatives Gesellschaftsbild, Förderung Gesundheit, leere Töpfe der Krankenkassen). In ländlichen Gebieten sind die Themen Mobilität, Infrastruktur und immer kleiner werdende familiäre Netzwerke von großer Bedeutung. Partizipation ist in diesem Kontext ein unerlässliches Thema und stellt u.a. die Grundlage der Demokratie dar. Die Förderung der Teilhabe am gesellschaftlichen Geschehen und die Ermächtigung von Menschen, ihre Ressourcen und Potenziale auszuschöpfen, ist eine der zentralen Aufgaben der Sozialen Arbeit. Ältere Menschen bekommen dadurch die Möglichkeit, ihre Lebensumstände selbst mitzugestalten und nicht nur als homogene Gruppe abgestempelt zu werden.

Die ausgewählten Methoden legen einen wichtigen Grundstein für ein erfolgreiches partizipatives Arbeiten dar. Mit Verweis auf das Kapitel 5.3 kann die Forschungsfrage wie folgt beantwortet werden:

Um Auswahlkriterien zu fördernden Methoden zu definieren, ist es von enormer Bedeutung, die Zielgruppe und den Sozialraum zu analysieren. Dessen Heterogenität ist anzuerkennen, mit all ihren individuellen Ressourcen wie auch deren Herausforderungen. In diesem Kontext spielen der demografische Wandel, die Altersarmut, die Digitalisierung, die Homogenisierung, die Feminisierung, das negatives Gesellschaftsbild, Barrierefreiheit, Mobilität und das Bildungsniveau eine große Rolle. Des Weiteren ist zu berücksichtigen, inwieweit die Zielgruppe mitentscheiden soll und darf.

Um sich diesen in der Arbeit erwähnten Herausforderungen stellen zu können, müssen ältere Menschen mehr Teilhabemöglichkeiten haben. Es sollten mehr Anlaufstellen für SeniorInnen in ländlichen Regionen eröffnet und der Fokus auf die Förderung der Altenpolitik gelegt werden. Dies würde bedeuten, dass ältere Menschen auf der Makroebene selbst über ihre Themenschwerpunkte entscheiden können (Buttom-Up anstatt Top-Down Prinzip), z.B. die Sichtbarkeit der Zielgruppe in der Gesellschaft zu fördern und negative Gesellschaftsbilder durch positive Assoziationen zu ersetzen.

Die Autorin dieser Arbeit wünscht sich für die Zukunft der Sozialen Altenarbeit, dass der Empowerment Ansatz, aufbauend auf partizipatives Handeln, in jeder Ebene (Mikro, Makro, Meso) Einzug findet. Ältere Menschen sollen professionell unterstützt werden, um ein selbstbestimmtes Leben führen zu können und um ihre Ressourcen in die Gesellschaft einbringen zu können. Dies kann gelingen indem die Zielgruppe auf das dritte Lebensalter (primär Übertritt Arbeitswelt - Pension) vorbereitet wird und im weiteren Schritt von Fachkräften nachhaltig begleitet wird. Auf politscher Ebene müsste die dafür benötigte Infrastruktur (z.B. flächendeckende Anlaufstellen / SozialarbeiterInnen bzw. CasemanagerInnen, gesetzliche Verankerung etc.) geschaffen werden. Die Fachkräfte würden über das benötigte Fachwissen, Wissen der regionalen Strukturen/Gegebenheiten und Vernetzungsangebote verfügen.

Diese Maßnahme könnte u.a. die individuellen sozialen Netzwerke, Selbstbewusstsein, Gesundheit und individuelle wie kollektive Stärken fördern und u.a. Vereinsamung, Überforderung, Isolation und Altersarmut entgegenwirken. Insbesondere jedoch Menschen dazu befähigen an Entscheidungen Anteil zu nehmen und dadurch ihre Lebensumstände selbst mitgestalten zu können.

Literaturverzeichnis

Adamer, Christian (2013): Stand der Diskussion und Umsetzung der Bürgerbeteiligung in Österreich und der Europäischen Union in Theorie & Praxis. Fokus: Beteiligung „schwer erreichbarer Gruppen". Wien. In: http://www.partizipation.at/fileadmin/media_data/Downloads/Forschungsplattform/Masterarbeit_Christian_Adamer_ENDVERSION.pdf (Zugriff am 15.06.2017)

Arbter, Kerstin (2012): Praxisbuch. Partizipation. Gemeinsam die Stadt entwickeln. Wien. In: https://www.wien.gv.at/stadtentwicklung/studien/pdf/b008273.pdf (Zugriff 01.06.2017)

Arbter, Kerstin (u.a.) (2005): Das Handbuch. Öffentlichkeitsbeteiligung. Die Zukunft gemeinsam gestalten. Wien. In:http://www.partizipation.at/fileadmin/media_data/Downloads/Publikationen/Handbuch_oeffentlichkeitsbeteiligung.pdf (Zugriff am 15.06.2017)

Armin, Sohns (2009): Empowerment als Leitlinie Sozialer Arbeit. In: Michel-Schwarze, Briggita (Hg.): Methodenbuch Soziale Arbeit. Wiesbaden, S. 90f

Backes, Gertrud/ Clemens, Wolfgang (2008): Lebensphase Alter. Eine Einführung in die sozialwissenschaftliche Alternsforschung. Weinheim, 3. Aufl.

Bahr, Christine/ Leichsenring, Kai/ Strümpel Charlotte (1996): Mitsprache – Bedarfsfelder für politische Mitsprache älterer Menschen in Österreich. Wien

Baltes, Margret (1987): Erfolgreiches Altern als Ausdruck von Verhaltenskompetenz und Umweltqualität. In: Niemitz, Carsten (Hg.): Erbe und Umwelt. Zur Natur von Anlage und Selbstbestimmung des Menschen. Frankfurt, S. 353-376

Bohl, Karl Friedrich (2005): Sozialstruktur. In: Beetz, Stephan/ Brauer, Kai/ Neu, Claudia (Hg.): Handwörterbuch zur ländlichen Gesellschaft in Deutschland. Wiesbaden, S. 225–233

Born, Lukas (u.a.) (2011): Begriffe und Themen der Partizipation. In: Senatsverwaltung für Stadtentwicklung und Umwelt Berlin (Hg): Handbuch zur Partizipation. Berlin. In: http://www.stadtentwicklung.berlin.de/soziale_stadt/partizipation/download/Handbuch_Partizipation.pdf (Zugriff am 16.06.2017)

Brown, Kevin (o.J.): „Kritische Soziale Arbeit?". In: Obds – Landesgruppe Tirol: Informationsblatt für Mitglieder des obds – Landesgruppe Tirol, SIT87, S. 11-14 In: http://www.sozialarbeit.at/files/sit_87_2012_kritische_sozialarbeit.pdf (Zugriff 14.06.2017)

Bundes-Seniorengesetz (BSenG), BGBl. I Nr. 84/1998

de Beauvoir, Simone (2004): Das Alter. Reinbek

Engel, Petra (2001): Sozialräumliche Altenarbeit und Gerontologie. Am Beispiel älterer Frauen auf dem Land. Opladen

Engels, Dietrich (2008): Demografischer Wandel, Strukturwandel des Alters und Entwicklung des Unterstützungsbedarfs alter Menschen. In: Aner, Kirsten/ Karl, Ute (Hg.): Lebensalter und Soziale Arbeit. Ältere Menschen und alte Menschen. Basiswissen Soziale Arbeit. Band 6. Hohengehren, S. 54–76.

Erhardt, Martin/ Hoffmann, Lothar/ Ross, Horst (2014): Altenarbeit weiterdenken. Stuttgart

Frevel, Bernhard (Hg.) (2004): Schicksal? Chance? Risiko? – Herausforderung demografischer Wandel! In: Frevel, Bernhard (Hg.): Herausforderung demografischer Wandel. Wiesbaden, S. 8

Gans, Paul/ Schmitz-Veltin, Ansgar (2004): Bevölkerungsentwicklung in ländlichen Gemeinden: Szenarien zu kleinräumigen Auswirkungen des demographischen Wandels. In: Birg, Herwig (Hg.): Auswirkungen der demographischen Alterung und der Bevölkerungsschrumpfung auf Wirtschaft, Staat und Gesellschaft. Plenarvorträge der Jahrestagung der Deutschen Gesellschaft für Demographie an der Universität Bielefeld. Münster, S. 111-129

Hammerschmidt, Peter/ Pohlmann, Stefan/ Sagebiel, Juliane (2014): Wie gelingt gelingendes Alter(n)? In: Hammerschmidt, Peter/ Pohlmann, Stefan/ Sagebiel, Juliane (Hg.): Gelingendes Altern(n) und Soziale Arbeit. Neu-Ulm, S. 24

Henckel, Dietrich (Hg.) (2010): Ländliche Räume. In: Henckel, Dietrich u.a. (Hg.): Planen–Bauen–Umwelt. Ein Handbuch. Wiesbaden, S. 284–288.

Höcker, Anette (2010): Elemente von Komplementarität und Referenz. In: Brinkmann, Volker (Hg.): Case Management. Wiesbaden, S. 320f

Hongler, Hanspeter u.a. (2008): Mitreden, Mitgestalten, Mitentscheiden. Zürich, Luzern und Winterthur.

Hoppe, Timon (2010): Der ländliche Raum im 21. Jahrhundert–Neubewertung einer unterschätzten Raumkategorie. Ein methodischer und regionaler Beitrag zur Kulturlandschaftsforschung und Raumplanung am Beispiel Schleswig-Holstein. Norderstedt

Kircheldorff, Cornelia (2015): Altern im Gemeinwesen aus sozialgerontologischer Perspektive. In: Van Rießen, Anne/ Bleck, Christian/ Knopp, Reinhold (Hg.): Sozialer Raum und Alter(n). Wiesbaden. S. 189-197

Knopp, Reinhold (2012): Wohnen und Mitmachen. Altersgerechte Wohnquartiere und die gesellschaftliche Wirksamkeit Älterer durch Partizipation. In: forum erwachsenenbildung, Zeitschrift der DEAE. Ausgabe 1/2012, S. 1

Kolland, Franz/ Fibich, Theresa (2014): Professionalisierung in der Sozialen Altenarbeit. In: Soziales Kapital - wissenschaftliches Journal österreichischer Fachhochschul-Studiengänge Soziale Arbeit, 11/2014, S. 2- 5

Kytir, Josef (2008): Demographische Entwicklung. In: Bundesministerium für Arbeit, Soziales und Konsumentenschutz (Hg.): Hochaltrigkeit in Österreich. Eine Bestandsaufnahme. Wien, S. 45-73.

Lebhart, Gustav (2003): Demographische Alterung in den Regionen Österreichs. In: Statistische Nachrichten, Statistisches Zentralamt Österreich, 9/2003, S. 674-685

Mennemann, Hugo (2005): Sozialpädagogik als theoriestiftende Disziplin für die soziale Altenarbeit – subjekttheoretische Überlegungen. In: Schweppe, Cornelia (Hg.): Alter und Soziale Arbeit. Theoretische Zusammenhänge, Aufgaben- und Arbeitsfelder. Band 11. Grundlagen der Sozialen Arbeit. Hohengehren, S. 47-63

Meyer, Thomas (2004): Die Familie im demografischen Wandel. In: Frevel, Bernhard (Hg.): Herausforderung demografischer Wandel. Wiesbaden 2004. S. 58-74

Nocke, Joachim/ Breunung, Leonie (2000): Die Systeme und die Lebenswelt der Sozialarbeiter. In: Merten, Roland (Hg.) Systemtheorie Sozialer Arbeit. Opladen, 243f

Olsen, Hinrich (2010): Offene Altenarbeit als Empowerment. Oldenburg

Österreichisches Institut für angewandte Telekommunikation (2015): Studie Maßnahmen für Senior/innen in der digitalen Welt. Wien. In:https://www.saferinternet.at/fileadmin/user_upload/Senioren_digitalen_Welt/Studie_Ma%C3%9Fnahmen_Seniorinnen_in_der_digitalen_Welt.pdf (Zugriff 18.06.2017)

Pantucek, Peter (2009): Das Dorf, soziale Raum und das Lebensfeld. In: Kluschatzka, Ralf Eric/ Wieland, Sigrid (Hg.): Sozialraumorientierung im ländlichen Kontext. Wiesbaden, S. 41-51

Pantucek, Peter (2009): Vorwort. In: Kluschatzka, Ralf/ Wieland, Sigrid (Hg): Sozialraumorientierung im ländlichen Kontext. Wiesbaden, S. 7

Penke, Swantje (2012): Ländliche Räume und Strukturen –mehr als eine „Restkategorie" mit Defiziten. In: Diebel, Stefanie (u.a.): Soziale Arbeit in ländlichen Räumen. Wiesbaden, S. 17

Rosenbrock, Rolf/ Hartung, Susanne (2012): Gesundheit und Partizipation. Einführung und Problemaufriss. In: Rosenbrock, Rolf/ Hartung, Susanne (Hg.): Handbuch Partizipation und Gesundheit. Bern, S. 9

Schmid, Tom (2009): Daseinsvorsorge – Möglichkeiten und Grenzen lokalen Agenden. In: Kluschatzka, Ralf/ Wieland, Sigrid (Hg.): Sozialraumorientierung im ländlichen Kontext. Wiesbaden, S 88f

Schnurr, Stefan (2005): Partizipation. In: Tiersch, Hans-Uwe Otto (Hg.): Handbuch Sozialarbeit. Sozialpädagogik. München, S. 1131

Schuleri, Hartje/ Ulla, Kristina (1992): Anforderungen an die offene Altenhilfe. Berlin

Schweppe, Cornelia (2006): Altenarbeit/Altenbildung. In: Krüger, Heinz Hermann/ Grunert, Cathleen (Hg.): Wörterbuch Erziehungswissenschaft. Opladen, S. 11–16.

Schweppe, Cornelia (2013): Generationenbeziehungen: solidarisch, aber belastet. In: Popp, Reinhard (u.a.) (Hg.): Zukunft. Lebensqualität. Lebenslang. Salzburg, S. 29-38

Stiehr, Karin (2004): Lebenslagen älterer Menschen In: Frevel, Bernhard (Hg.) Herausforderung demografischer Wandel. Wiesbaden. S. 90-97

Stoll, David/ Greger, Brigit/ Wohlrab, Doris (2012): Rahmenbedingungen für ein Alter mit Zukunft. In: Pohlmann, Stefan (Hg.): Altern mit Zukunft. Wiesbaden. S. 217

Straßburger, Gaby/ Rieger, Judith (Hg.) (2014): Partizipation kompakt. Für Studium, Lehre und Praxis sozialer Berufe. Weinheim und Basel

Strube, Anke/ König, Jana/ Hanesch, Walter (2015): Partizipation- und Teilhabeprozesse benachteiligter älterer Menschen fördern, begleiten und (mit)gestalten. In: Van Rießen, Anne/ Bleck, Christian/ Knopp, Reinhold (Hg.): Sozialer Raum und Alter(n). Wiesbaden. S. 189-197

Tiroler Kinder- und Jugendhilfegesetz (TKJHG), LGBl. Nr. 150/2013

Wendt, Wolf Rainer (2008): Teilhabe. In: Maelicke, Bernd (Hg.): Lexikon der Sozialwirtschaft. Baden-Baden

Wright, Michael T. (2012): Partizipation in der Praxis: die Herausforderung einer kritisch reflektierten Professionalität. In: Rosenbrock, Rolf/ Hartung, Susanne (Hg.): Handbuch Partizipation und Gesundheit. Bern, S. 94-100

Zimmermann, Gertrud (2002): Grußworte von Dr. Gertrud Zimmermann. In: Schlag, Bernhard/ Megel, Katrin: Mobilität und gesellschaftliche Partizipation im Alter. Stuttgart, S. 26-27

Internetquellenverzeichnis

Internetquelle 1: Altenheimsozialarbeit, http://www.altenheim-
sozialarbeit.de/fachausdruecke.html (Zugriff am
06.06.2017).

Internetquelle 2: Bundesinstitut für Bau-, Stadt- und Raumforschung, http://www.bbsr.bund.de/BBSR/DE/Raumbe-
obachtung/Raumabgrenzungen/Kreistypen4/kreist-
pen.html;jsessio-
nid=3F17E881BF1C71D1A3DBC6091FBDF214.live21301?
nn=443222 (Zugriff am 16.06.2017)

Internetquelle 3: Eurostat Statistic Explained, http://ec.eu-
ropa.eu/eurostat/statistics-explained/in-
dex.php/Rural_development_statistics_by_urban-rural_ty-
pology/de (Zugriff 19.06.2017)

Internetquelle 4: Statistik Austria, http://www.statis-
tik.at/web_de/klassifikationen/regionale_gliederun-
gen/stadt_land/index.html (Zugriff am 01.06.2017)

Internetquelle 5: Duden, http://www.duden.de/rechtschrei-
bung/Methode (Zugriff am 19.06.2017)

Internetquelle 6: Partizipation, http://www.partizipation.at/me-
thoden.html (Zugriff am 19.06.2017)